ESTUDIOS SOCIALES DE HOUGHTON MIFFLIN

Conozco un lugar

Fiesta el viernes

Ana   Luis   Felipe   Lucía   Sra. Alba

Beverly J. Armento
Gary B. Nash
Christopher L. Salter
Karen K. Wixson

Conozco un lugar

Houghton Mifflin Company • Boston

Atlanta • Dallas • Geneva, Illinois • Princeton, New Jersey • Palo Alto • Toronto

Consultants

Program Consultants

Edith M. Guyton
Associate Professor of Early
 Childhood Education
Georgia State University
Atlanta, Georgia

Gail Hobbs
Associate Professor of
 Geography
Pierce College
Woodland Hills, California

Charles Peters
Reading Consultant
Oakland Schools
Pontiac, Michigan

Cathy Riggs-Salter
Social Studies Consultant
Hartsburg, Missouri

George Paul Schneider
Associate Director of
 General Programs
Department of Museum
 Education
Art Institute of Chicago
Chicago, Illinois

Twyla Stewart
Center for Academic
 Interinstitutional Programs
University of California
 —Los Angeles
Los Angeles, California

Scott Waugh
Associate Professor of
 History
University of California
 —Los Angeles
Los Angeles, California

Consultants for the Spanish Edition

Gloria Contreras
Director, Multicultural Affairs
University of North Texas
Denton, Texas

Julian Nava
Professor of History
California State University
Northridge, California

Alfredo Schifini
Limited English
 Proficiency Consultant
Los Angeles, California

Bilingual Reviewers

Arturo G. Abarca (Grades 1, 2)
Heliotrope Elementary
Los Angeles, California

Beth Beavers (K)
Newton Razor Elementary
Denton, Texas

Carlos Byfield (Grades 1, 3)
Consultant in Bilingual
 Education, ESL
Escondido, California

Margarita Calderón
 (Grades 2, 6)
University of Texas at El Paso
El Paso, Texas

Adela Coronado-Greeley
 (Grade 3)
Inter-American Magnet
Chicago, Illinois

Eugenia DeHoogh (Grade 4)
Illinois Resource Center
Des Plaines, Illinois

Jose L. Galvan (Grade 5)
California State University
Los Angeles, California

María Casanova Hayman
 (Grade 6)
Rochester City School District
Rochester, New York

Robert L. Jones (Grade 4)
Escuela de Humanidades
 de la Universidad Autónoma
 de Baja California
Tijuana, Mexico

Maria L. Manzur (K)
Los Angeles
 Unified School District
Los Angeles, California

Edgar Miranda (Grade 5)
Rochester City School District
Rochester, New York

Teacher Reviewers

Luis A. Blanes (Grade 5)
Kosciuszko Elementary
Chicago, Illinois

Viola R. Gonzalez (Grade 5)
Ryan Elementary
Laredo, Texas

Eduardo Jiménez (Grade 6)
Lincoln Military Academy
 of Guaynabo
San Juan, Puerto Rico

Carmen Muñoz (Grade 2)
Carnahan Elementary
Pharr, Texas

Silvina Rubinstein (Grade 6)
Montebello Unified School
 District
Montebello, California

Janet Vargas (Grades 1–3)
Keen Elementary
Tucson, Arizona

Acknowledgments

Grateful acknowledgment is made for the use of
the material listed below.

46–51 *A Year in the Country* by Douglas Florian.
Copyright © 1989 by Douglas Florian. Translated
and reprinted with permission of Greenwillow
Books, a division of William Morrow & Co.

66 "Skyscraper" from *Alligator Pie* by Dennis Lee.
Published by Macmillan of Canada. Copyright ©
1974 by Dennis Lee. Translated and reprinted by
permission of MGA. **74–81** *I Go With My Family
to Grandma's* by Riki Levinson, illustrated by
Diane Goode. Text copyright © 1986 by
–Continued on page 160.

Carta de los autores

Este dibujo te muestra cómo crece el maíz. En este libro vas a leer cómo se hacen hojuelas de maíz. Vas a leer sobre distintas personas y lugares, del campo y de la ciudad. La lectura y los dibujos te van a enseñar cómo trabajamos y cómo nos llegan los alimentos.

¿Viste la carita en la mazorca del dibujo? ¡Algunas te van a hacer reír! Pero todas las páginas te van a ayudar a aprender cómo vivimos y trabajamos. Creemos que tu nuevo libro te va a gustar.

Beverly J. Armento
Professor of Social Studies
Director, Center for Business and
Economic Education
Georgia State University

Christopher L. Salter
Professor and Chair
Department of Geography
University of Missouri

Gary B. Nash
Professor of History
University of California—Los Angeles

Karen K. Wixson
Associate Professor of Education
University of Michigan

Contenido

Unidad 4   114
Por todo el
ancho mundo

Banco de   151
datos

Cuadros, diagramas y líneas del tiempo

*Estos dibujos te dan datos sobre las personas,
los lugares y las cosas que estudias.*

Mapas

Cada mapa de este libro te cuenta una historia de un lugar.

Para empezar

Éste es tu libro.

Vamos a conocerlo.

El número te dice
qué lección es.

El título te dice
de qué trata la lección.

Lee la pregunta.
Piensa en la pregunta
mientras que lees la
lección.

Ésta es una
palabra que
aprenderás en
esta lección.

LECCIÓN 5

Un granito de maíz

Soy un granito de maíz.
El **granjero** me llama "semilla de maíz".
Aquí estoy en la sembradora.

PIÉNSALO

¿De dónde viene
el maíz que
comes?

Palabra clave

granjero

La sembradora nos siembra en la tierra.
Está oscuro aquí abajo, pero es cómodo.
¡Y voy a crecer!

54

Mira cómo crece el maíz.
Los dibujos de tu libro
te ayudan a entender
la lección.

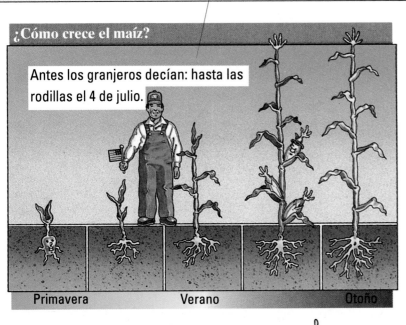

¿Cómo crece el maíz?

Antes los granjeros decían: hasta las rodillas el 4 de julio.

Primavera   Verano   Otoño

Así crece el maíz.
Primero es sólo un brote.
Pero pronto es una planta alta.

¡Mira, soy una mazorca!
Crecí en la planta.

Ahora tengo muchos granos.
¡Aquí viene la recolectora!

Este dibujo es de una mazorca. Esta mazorca no es de verdad.

En esta foto vemos una granja. Esta granja es de verdad.

Los dibujos y las fotos te ayudan a aprender.

55

¡Adelante!

Los dibujos y las palabras van juntos.
Juntos te ayudan a aprender.

¿Cuál es el dibujo?
¿Cuál es la foto?
¿Cuál es de verdad?

Éste es el número
de la página.
Te ayuda a saber
en qué parte del libro
estás.

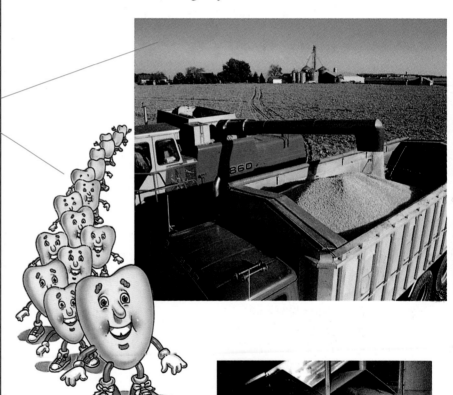

De unos pocos granos crecieron muchos más.
Aquí nos ponen dentro de un camión de carga.
Ahora el granjero nos va a vender.

Aquí estamos en la fábrica.
¡Parece que vamos a ser
hojuelas de maíz!

56

Yo tenía razón.
Aquí estoy en el mercado.
¡Cómprame! ¡Cómprame!

¡Estoy en un lindo tazón!
¡Estoy en una cuchara !

¡ADIÓS!

La lección te dice
cómo pasan las cosas.
Primero creció el maíz.
Luego mandaron el
maíz al mercado.
¿Qué pasó por último?

Hay fotos y dibujos que
tienen palabras en
inglés.
A veces esas palabras
se parecen al español y
las puedes entender.
Otras veces, te darás
cuenta de lo que
quieren decir si te
fijas bien en la foto
o en el dibujo.

REPASO

1. ¿De dónde viene el maíz que comes?
2. ¿Qué hace un granjero?
3. ¿De dónde vino tu desayuno?

Al final, repasa
lo que leíste.
Las respuestas
a las preguntas
están en la lección.

57

Aprende más

Puedes aprender de muchas maneras.
En el libro hay páginas especiales
que te ayudan a aprender más.

¿Te gusta explorar?
Esta página te dice cómo hacerlo.

Esta página te dice cómo agrupar las cosas.

EXPLORA

Un vecindario

En la lección anterior Ramón hizo mapas de su vecindario. Tú puedes hacer un mapa del vecindario de tu escuela. Pon modelos de edificios en tu mapa.

Prepárate

1. ¿Cómo es el lugar que quieres explorar? ¿Qué calles y edificios ves?
2. Busca lo que necesitas para dibujar y para hacer modelos de edificios.

Descubre

1. Sal de la escuela. Mira a tu alrededor. ¿Qué calles ves? ¿Cómo son los edificios?
2. Dibuja lo que viste.

34

PIENSA EN LOS GRUPOS

¡Tantas maneras!

Las niñas del cuento fueron a visitar a sus abuelitas. Cada una fue de una manera distinta. Hay muchas maneras de viajar. Podemos viajar por tierra, por aire o por agua. Puedes agrupar estas maneras. ¿Qué grupos ves aquí?

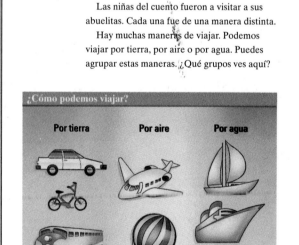

¿Cómo podemos viajar?

| Por tierra | Por aire | Por agua |

82

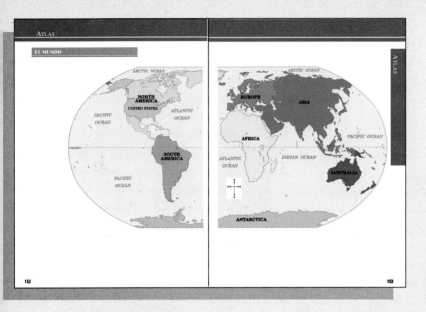

Los mapas te dicen dónde estás.
Éste es un mapa del mundo.

¿Qué harías tú?
Esta página te ayuda a
decidir.

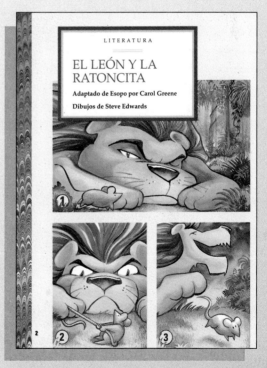

En tu libro también hay cuentos.
Los cuentos te ayudan a aprender.

Unidad 1

La escuela

Mis amigos de la escuela
son más grandes o pequeños.
¡Mis amigos y amigas
son de lo mejor que tengo!

EL LEÓN Y LA RATONCITA

Adaptado de Esopo por Carol Greene

Dibujos de Steve Edwards

Hay amigos de todos los tamaños.

Los amigos de la escuela

PIÉNSALO

¿Quiénes son tus amigas y amigos en la escuela?

Palabras clave

amigos amigas

1

2

yellow

4

REPASO

1. ¿Quiénes son tus amigas y amigos en la escuela?

2. ¿Cómo podemos ser buenos amigos?

Cómo ser buenos amigos

Hay muchas maneras de ser buenos amigos.
¿Qué puedes hacer tú aquí?

6

Puedes ayudar de estas maneras.

¿Cómo puedes
ayudar tú?
¿Por qué?

Trabajemos juntos

¿Cómo trabajamos juntos?

Palabra clave

juntos

En la escuela

1 Todos los niños y niñas van a traer algo el viernes.

2 ¿Qué van a traer?

En casa

3 El papá de Felipe le dice que lleve platos de papel.

4 La abuelita de Luis le dice que lleve platos también.

5 El papá y la mamá de Ana tienen muchos platos.

6 La mamá de Lucía tiene palomitas de maíz. ¿Qué va a pasar después?

El viernes en la escuela

7 ¡Hay muchos, muchos platos!

8 ¡Todos tienen hambre!

9 La Sra. Alba dice que lo hagan de nuevo.

10 Los niños y niñas trabajan **juntos.**

El viernes siguiente

11 Ana le dice a su mamá que necesita uvas.

12 El papá de Felipe le da zanahorias.

13

REPASO

1. ¿Cómo trabajamos juntos?

2. ¿Por qué había demasiados platos?

3. ¿Por qué trabajamos juntos?

Haz tu parte

Ya viste cómo los alumnos trabajaron juntos en la clase de la Sra. Alba. Todos ayudaron. ¿Qué pasa cuando nos ayudamos? ¿Qué pasa cuando no nos ayudamos?

Nos ayudamos.

No nos ayudamos.

Nos ayudamos.

No nos ayudamos.

Nos ayudamos.

No nos ayudamos.

Nos ayudamos.

No nos ayudamos.

Ayudar quiere decir hacer tu parte. Quiere decir pensar en los demás. Si ayudamos hacemos felices a otras personas. ¿Cómo ayudas tú?

Miremos hacia abajo

Imagínate que ésta es tu escuela.

Imagínate que puedes volar y mirarla desde arriba.

¿Cómo se vería el salón de clase?

Éste es un mapa del salón de clase. Un **mapa** muestra cómo se ve un lugar desde arriba. ¿Puedes decir qué son estas cosas?

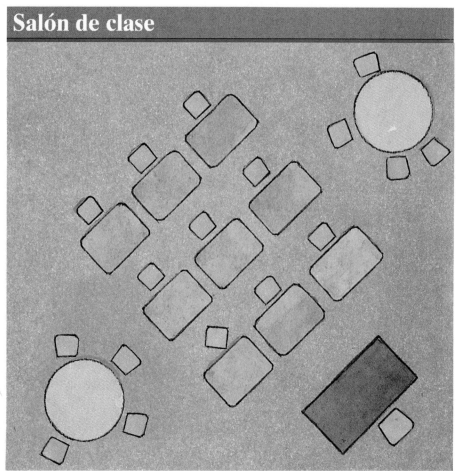

Salón de clase

15

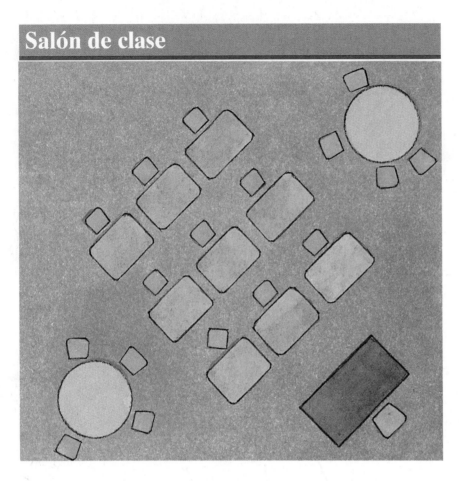

Salón de clase

Un mapa puede tener un título. El título nos dice lo que muestra el mapa. ¿Cuál es el título de este mapa?

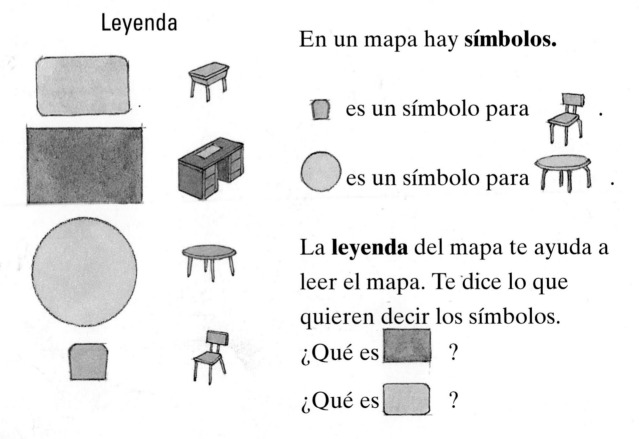

Leyenda

En un mapa hay **símbolos.**

es un símbolo para .

es un símbolo para .

La **leyenda** del mapa te ayuda a leer el mapa. Te dice lo que quieren decir los símbolos.
¿Qué es ?

¿Qué es ?

¡Inténtalo!

1. Pon algunas cosas sobre tu escritorio.

2. Míralas desde arriba.

3. Dibuja un mapa. Ponle un título.

4. Haz una leyenda para el mapa.

Repaso de la Unidad 1

Palabras

¿Cuáles son las dos fotos que van con cada palabra?

amigos

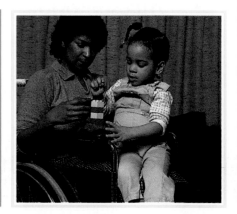

juntos

Ideas

Dibuja dos personas que te ayudan en la escuela. Di cómo te ayudan.

Destrezas

Fíjate en el mapa. Contesta las preguntas.

La mesa vista desde arriba

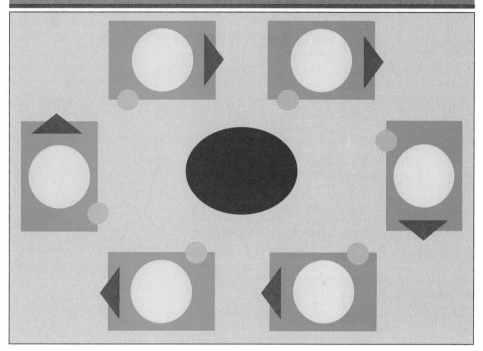

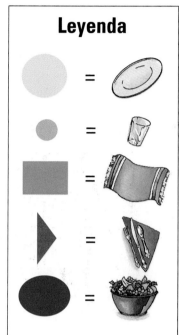

Leyenda

1. ¿Qué muestra el mapa?

2. ¿Qué es ● ?

3. ¿Qué es ▶ ?

4. ¿Cuántos ▬ hay sobre la mesa?

Actividad

¿Qué les gusta más de la escuela a los niños y niñas de tu clase? ¿Cómo puedes averiguarlo? Trabaja con dos o tres niños. Hagan un plan para averiguarlo. Cuéntenle su plan a la clase.

Unidad 2

Pueblo y campo

Fíjate en el pueblo.
Fíjate en el campo.
¿Qué puedes ver tú
si miras hacia abajo?

Demasiadas calabacitas

PIÉNSALO

¿Qué lugares hay en un pueblo?

Palabra clave

pueblo

—¡Auxilio! —dice papá—. ¡Las calabacitas llegan hasta la casa del perro!

—¡Tenemos demasiadas calabacitas! —dice mamá.

Miguel y Elena les van a llevar algunas a sus amigos del **pueblo.** Ven tú también.

22

Miguel y Elena van a ver al tío Pedro. El tío Pedro vive a unas pocas cuadras.

—Tenemos demasiadas calabacitas —dice Elena—. ¿Quieres algunas?

—¡Sí, gracias! —contesta el tío Pedro—. Puedo hacer mermelada de calabacitas.

Después Miguel y Elena van al café de Eva.
Eva vende comidas a la gente del pueblo.

—¿Quiere algunas
calabacitas? —le dice
Miguel—.

—¡Sí, gracias! —dice
Eva—. Puedo hacer
pastel de calabacitas.

24

Después Miguel y Elena van a la estación de bomberos. Los bomberos protegen el pueblo.

—Tenemos demasiadas calabacitas —dice Elena—. ¿Quieren algunas?

—¡Sí, gracias! —contestan los bomberos—. Podemos hacer guisado de calabacitas.

Ahora Miguel y Elena van a la tienda de comida para animales.

—Tenemos demasiadas calabacitas —dice Miguel—.

—Entiendo —dice la Sra. Paz—. Yo tengo demasiados conejitos. ¿Quieren algunos?

Miguel y Elena vuelven a su casa. No les quedan más calabacitas. Pero su carrito está lleno.

—¡Auxilio! — dicen Mamá y Papá—. ¡Tenemos demasiados conejitos!

1. ¿Qué lugares hay en un pueblo?
2. Dibuja una persona que trabaja en un pueblo.

Volar bien alto

Imagínate que Miguel y Elena pueden volar sobre su pueblo y mirar hacia abajo. ¡Todo les parecería distinto!

Esta foto muestra un pueblo desde arriba. Los lugares parecen más pequeños desde lejos.

Éste es un mapa del pueblo. El mapa también muestra los lugares desde arriba. Busca cosas en la foto. Luego búscalas en el mapa. ¿De qué color es el lago en el mapa? ¿De qué color es la tierra?

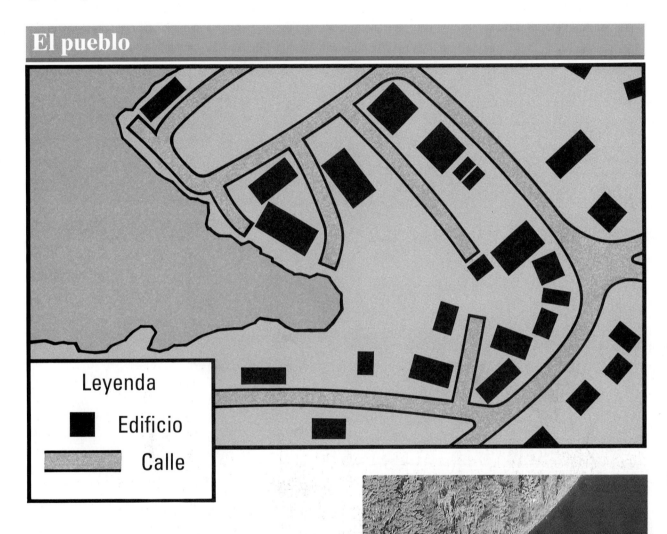

El pueblo

Leyenda

■ Edificio

▬ Calle

¡Inténtalo!

Dibuja un mapa de esta foto. Usa distintos colores para la tierra y el agua. Haz una leyenda para mostrar los barcos.

El solar de enfrente

PIÉNSALO

¿Cómo crece un vecindario?

Palabras clave

vecindario

crecer

Me llamo Ramón. ¡Adivina qué pasó en mi **vecindario!**

En mi vecindario hay casas y personas. Pero el año pasado yo no tenía con quién jugar. Frente a mi casa había un solar vacío. A veces jugaba allí yo solito.

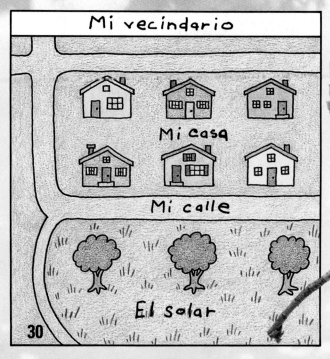

Mi vecindario

Mi casa

Mi calle

El solar

30

Entonces mi vecindario empezó a **crecer.**

Una mañana llegó una máquina ruidosa al solar y arrancó algunos de los árboles. Hizo un gran hoyo cuadrado en la tierra.

Me puse triste porque habían cortado algunos árboles. Mi papá me dijo: —Espera y verás. Algo bueno puede pasar.

Pronto me di cuenta de lo que pasaba. ¡Iban a hacer una casa nueva!

Me pregunté quién iba a vivir ahí. Todavía extrañaba los árboles del solar.

Mi papá me dijo: —Espera y verás. Algo bueno puede pasar.

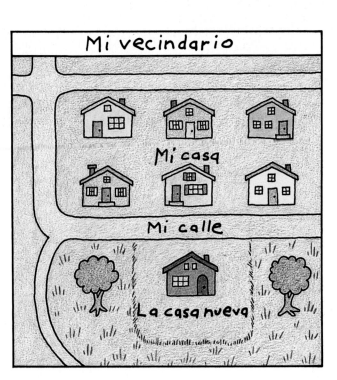

Ahora hay una casa nueva en el vecindario. Tengo dos nuevos amigos. Hoy plantamos un árbol juntos.

Papá tenía razón.
Algo bueno *sí* pasó.

REPASO

1. ¿Cómo crece un vecindario?
2. ¿Qué cosas nuevas hay en tu vecindario?

Un vecindario

En la lección anterior Ramón hizo mapas de su vecindario. Tú puedes hacer un mapa del vecindario de tu escuela. Pon modelos de edificios en tu mapa.

Prepárate

1. ¿Cómo es el lugar que quieres explorar? ¿Qué calles y edificios ves?
2. Busca lo que necesitas para dibujar y para hacer modelos de edificios.

Descubre

1. Sal de la escuela. Mira a tu alrededor. ¿Qué calles ves? ¿Cómo son los edificios?
2. Dibuja lo que viste.

Sigue adelante

1. Dibuja las calles del vecindario en una hoja de papel grande.
2. Haz modelos de tu escuela y de otros edificios.
3. Pon los modelos sobre el papel.
4. Dibuja una línea alrededor de cada modelo.

El álbum de la abuelita

La abuelita le muestra a Emily el álbum de su **familia.** —Tú eras una niña como yo —dice Emily.

—Sí —dice la abuelita—. Aquí estoy cuando era bebé. Luego crecí más y más, igual que tú.

PIÉNSALO

¿Cómo crece una familia?

Palabra clave

familia

—¿Cómo eran las cosas antes? —pregunta Emily.

—Mi familia vivía en este pueblo —dice la abuelita—. El pueblo era más pequeño que ahora. Yo vivía con mi mamá, mi papá y mi hermano mayor que se llamaba Carlos. Mira, aquí estoy con Carlos.

—¿Se divertían en esos tiempos? —pregunta Emily.

—¡Claro que sí! —dice la abuelita—. Aquí estoy con mis juguetes, mis animalitos y mis amigos y amigas.

—Me gustan esos carritos tan raros—dice Emily.

—¡Y después creciste! —dice Emily.

—Sí, crecí y tuve dos niñitas —dice la abuelita—. Y después mis niñitas crecieron. Una de ellas es tu mamá. Por eso yo soy tu abuelita.

—Me alegra que seas mi abuelita—dice Emily.

REPASO

1. ¿Cómo crece una familia?
2. Descubre cómo era la vida cuando tus abuelitos tenían tu edad.

¿Cuándo pasó?

La abuelita contó su vida. Contó las cosas en el orden en que pasaron. Tú puedes contar las cosas en orden con una línea del tiempo.

Una **línea del tiempo** muestra cuándo pasaron las cosas. Para hacer una línea del tiempo, piensa qué pasó primero y después.

Línea del tiempo de la vida de la abuelita		
Bebé	Niña	Adulta

Fíjate en los dibujos de abajo. ¿Cómo los puedes poner en una línea del tiempo? ¿Qué pasa primero? ¿Qué pasa después?

Éstos son los mismos dibujos. Ahora están en una línea del tiempo. ¿Por qué es más fácil ahora ver qué pasó primero y qué pasó después?

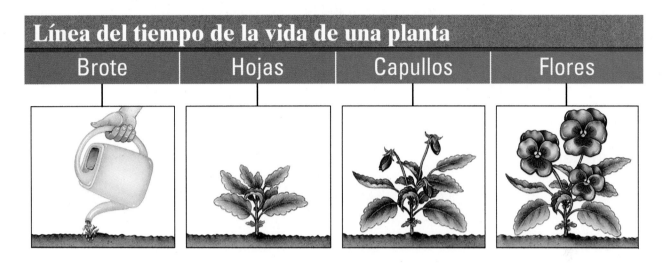

Línea del tiempo de la vida de una planta			
Brote	Hojas	Capullos	Flores

¡Inténtalo!

Haz una línea del tiempo de tu vida.
Piensa en tres cosas importantes.
Ponlas en orden.

Mi vida

Aprendí a caminar.

Visita la granja

PIÉNSALO

¿Qué puedes ver y hacer en una granja?

Palabra clave

granja

Visita la **granja** en primavera.
Toca los brotes de las ramitas.
Huele la tierra cuando pasa el arado.
Mira los cerditos recién nacidos.

Visita la granja en verano.

Siente la brisa que te acaricia el pelo.

Come maíz fresco y monta a caballo.

Ve a la feria del campo.

Visita la granja en otoño.

Mira la cosecha y huele el heno.

Saluda a los niños del autobús amarillo.

Van a la escuela.

Visita la granja en invierno.

Da de comer a los animales del granero.

Ponte tu ropa más abrigada.

Deslízate en el hielo del estanque.

REPASO

1. ¿Qué puedes ver y hacer en una granja?
2. ¿Por qué los niños que viven en granjas van a la escuela en autobús?
3. Dibuja algo que te gustaría hacer en una granja.

Leíste sobre las estaciones del año en una granja.
Ahora mira lo que pasa cada mes del año.

LITERATURA

UN AÑO EN EL CAMPO

Cuento y dibujos de Douglas Florian

Enero

Febrero

46

Marzo

Abril

Mayo

Junio

Julio

Agosto

49

Septiembre

Octubre

Noviembre

Diciembre

El año termina
y empieza un nuevo año.

Alimentos para ti

Hay distintos tipos de granjas.

Algunas son grandes, otras son pequeñas.

Los alimentos vienen de distintas granjas.

Crían vacas.

Recogen naranjas.

Pescan.

52

Siembran arroz.

Crían gallinas.   Siembran piñas.

En una granja se siembran plantas o se crían animales. Piensa en lo que comes. Casi todo viene de las granjas.

53

Un granito de maíz

Soy un granito de maíz.

El **granjero** me llama "semilla de maíz".

Aquí estoy en la sembradora.

La sembradora nos siembra en la tierra.

Está oscuro aquí abajo, pero es cómodo.

¡Y voy a crecer!

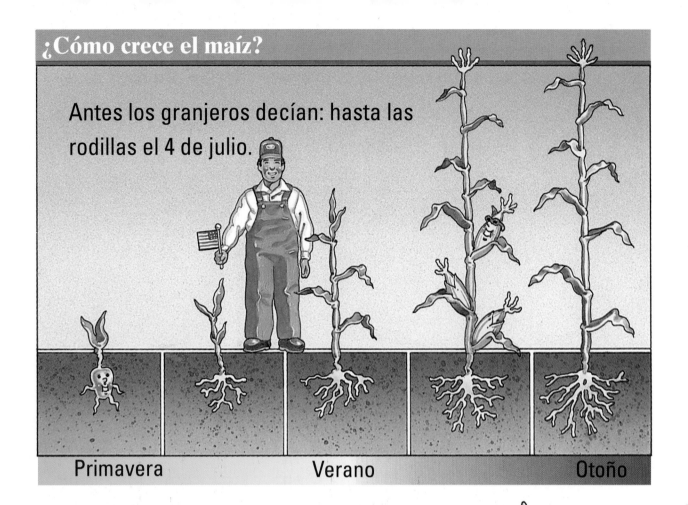

¿Cómo crece el maíz?

Antes los granjeros decían: hasta las rodillas el 4 de julio.

Primavera   Verano   Otoño

Así crece el maíz.

Primero es sólo un brote.

Pero pronto es una planta alta.

¡Mira, soy una mazorca!

Crecí en la planta.

Ahora tengo muchos granos.

¡Aquí viene la recolectora!

De unos pocos granos crecieron muchos más.

Aquí nos ponen dentro de un camión de carga.

Ahora el granjero nos va a vender.

Aquí estamos en la fábrica.
¡Parece que vamos a ser
hojuelas de maíz!

Yo tenía razón.

Aquí estoy en el mercado.

¡Cómprame! ¡Cómprame!

¡Estoy en un lindo tazón!

¡Estoy en una cuchara !

¡ADIÓS!

REPASO

1. ¿De dónde viene el maíz que comes?

2. ¿Qué hace un granjero?

3. ¿De dónde vino tu desayuno?

La Tierra es tu hogar

Algunas personas viven en granjas. Otras viven en pueblos. Otras viven en otros lugares. Pero todos vivimos en la Tierra.

Allá lejos, en el espacio, la Tierra se ve así.

Sólo ves nubes, océanos y tierra.

No ves personas ni casas. Pero están ahí.

¿Has visto alguna vez un modelo de
la Tierra?

Un **globo terráqueo** es un modelo de la Tierra. El globo muestra la tierra y los océanos.

El **Polo Norte** es un lugar de la Tierra. Queda cerca de la parte de arriba del globo.

El **Polo Sur** también es un lugar de la Tierra. Queda cerca de la parte de abajo del globo. Busca los polos en un globo terráqueo.

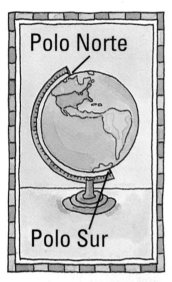

Polo Norte

Polo Sur

Cuando te mueves hacia el Polo Norte, vas hacia el **norte.** Pon un dedo sobre el globo. Muévelo hacia el Polo Norte. En la Tierra, cuando caminas hacia el Polo Norte, vas hacia el norte.

Hacia el norte

Cuando te mueves hacia el Polo Sur, vas hacia el **sur.** Pon un dedo sobre el globo. Muévelo hacia el Polo Sur. En la Tierra, cuando caminas hacia el Polo Sur, vas hacia el sur.

Hacia el sur

¡Inténtalo!

Dibuja un globo terráqueo. Muestra la tierra y el agua. Muestra el Polo Norte y el Polo Sur.

Polo Norte

Repaso de la Unidad 2

Palabras

¿Qué palabra va con cada dibujo?

familia
granja
granjero
vecindario
pueblo

Ideas

1. Dibuja dos ventanas. En una ventana, dibuja lo que puedes ver en un pueblo. En la otra ventana, dibuja lo que verías en una granja.

2. Di cómo son algunas personas y lugares de tu vecindario.

Destrezas

1. Así se ve un parque desde arriba. Haz un mapa del parque.

2. Fíjate en estos dibujos. Están fuera de orden.
Di qué pasó primero, después y por último.

3. Fíjate en el globo terráqueo.
¿Qué muestra?

4. ¿Hacia dónde va el  ?

5. ¿Hacia dónde va el  ?

Actividades

1. Haz un dibujo de tu familia. Trabaja con tus
compañeros de clase. Hagan un libro de
todas las familias.

2. Trabaja con otro niño o niña. Hagan un
cartel. En el cartel, pongan dibujos de
alimentos que vienen de granjas.

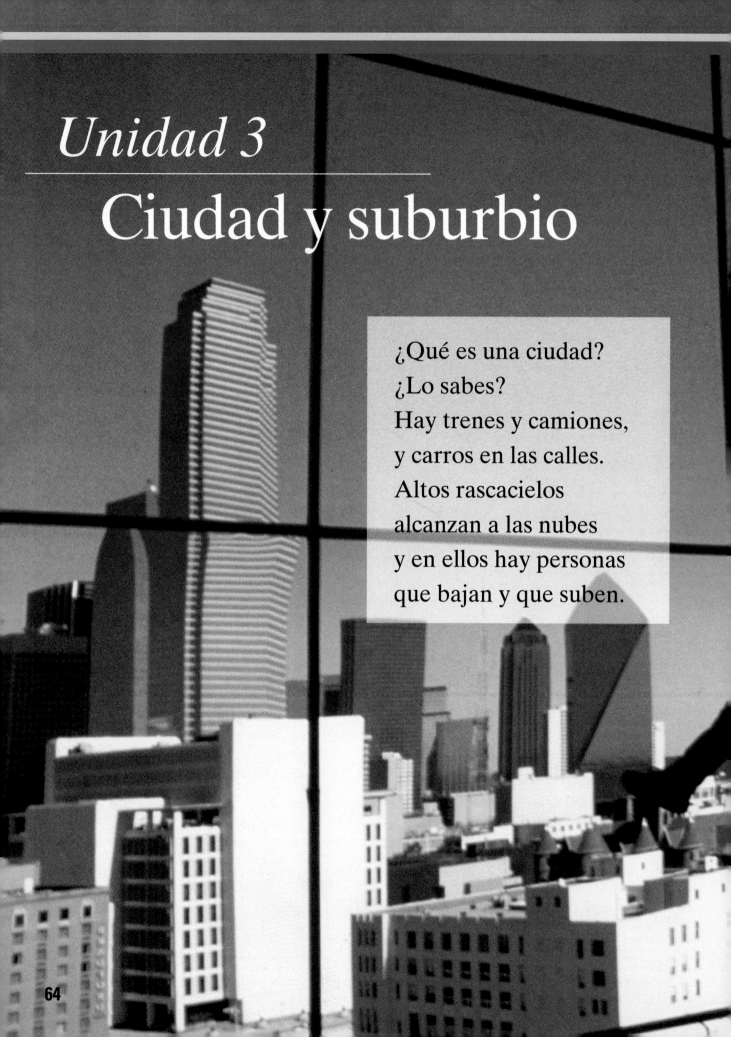

Unidad 3
Ciudad y suburbio

¿Qué es una ciudad?
¿Lo sabes?
Hay trenes y camiones,
y carros en las calles.
Altos rascacielos
alcanzan a las nubes
y en ellos hay personas
que bajan y que suben.

En algunas ciudades grandes hay edificios altos llamados rascacielos. Lee este poema sobre un rascacielos.

LITERATURA

RASCACIELOS

Poema de Dennis Lee

Dibujos de Susan Swan

Rascacielos, rascacielos,
ráscame un poco de cielo,
y al sol hazle cosquillas
cuando pasen las estrellas.

Y también a las estrellas,
cuando el sol esté subiendo,
puedes hacerles cosquillas.
Pero después, rascacielos,
ráscame un poco de cielo.

Toma el autobús

Es de mañana en la gran **ciudad.**

¿Adónde van todos?

¿Qué van a hacer hoy?

¡Sube al autobús!

¡De prisa! Busca un asiento.

Vamos a pasear por la ciudad.

PIÉNSALO

¿Qué puedes
ver y hacer
en una ciudad?

Palabra clave

ciudad

Mira por la ventanilla del autobús.

Ves que algunos trabajan mucho.

Estos obreros construyen un nuevo hospital.

¿Cómo ayuda su trabajo a los demás?

¡Mira! ¡Ese hombre va en patines!
¡Qué divertido! Va con prisa.
Tiene que estar en el banco a las nueve.

¡Pare el autobús!
Algunos se quieren bajar
en el centro comercial.
Algunos van a comprar.
Otros van sólo a mirar.
¿Qué hay en un centro comercial?

¡Bip! ¡Bip!

El chofer toca la bocina.

La señora corre para tomar el autobús.

Ella trabaja en el estadio.

¡De prisa! ¡De prisa!

Los niños se divierten.

Están conociendo la gran ciudad.

Después irán al juego de pelota.

¿Qué otras cosas divertidas puedes
hacer en una ciudad?

REPASO

1. ¿Qué puedes ver y hacer en una ciudad?
2. ¿Cómo nos divertimos en una ciudad?
3. ¿Qué diferencias hay entre ciudad y pueblo?

Has aprendido muchas cosas sobre las ciudades. Ahora vas a viajar al pasado para conocer la ciudad de New York de hace muchos años. Lee este cuento sobre cinco niñas que visitan a sus abuelitas en esa ciudad.

LITERATURA

VOY CON MI FAMILIA A CASA DE ABUELITA

Cuento de Riki Levinson

Dibujos de Diane Goode

Me llamo Mariela y vivo en Manhattan. Voy con mi familia en una bicicleta roja y amarilla

a casa de Abuelita.

Me llamo Blanca y vivo en Brooklyn.
Voy con mi familia en un tranvía dorado

a casa de Abuelita.

Me llamo Carla y vivo en Queens. Voy con mi familia en la carreta blanca de Papá

a casa de Abuelita.

Me llamo Beatriz y vivo en el
Bronx. Voy con mi familia,
primero en un tren azul y
después en un tren verde,

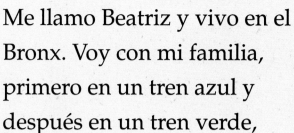

a casa de Abuelita.

Me llamo Estela y vivo en
Staten Island. Voy con mi
familia en el carro de Papá
sobre un transbordador que
cruza el agua para ir a la ciudad

a casa de Abuelita.

¡Tantas maneras!

Las niñas del cuento fueron a visitar a sus abuelitas. Cada una fue de una manera distinta. Hay muchas maneras de viajar. Podemos viajar por tierra, por aire o por agua. Puedes agrupar estas maneras. ¿Qué grupos ves aquí?

¿Cómo podemos viajar?

Por tierra   Por aire   Por agua

Estas cosas también están agrupadas. Fíjate en cada grupo. ¿Por qué están las cosas en el mismo grupo? ¿Qué nombre le pondrías a cada grupo?

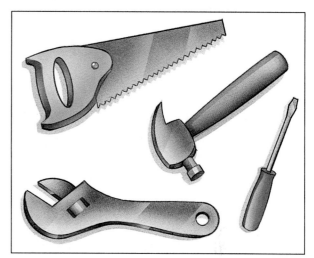

¿Cuáles de estas cosas van juntas en un grupo? Ponle un nombre a cada grupo.

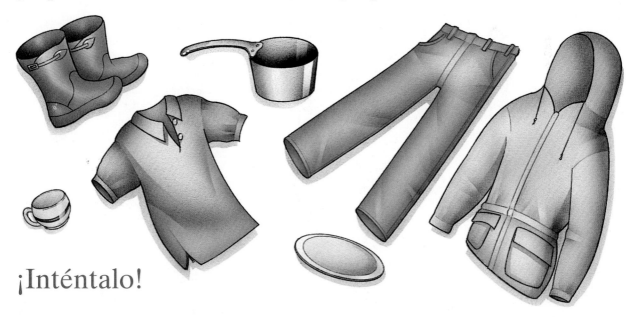

¡Inténtalo!

1. Dibuja cosas que puedes hacer en una granja.
2. Dibuja cosas que puedes hacer en una ciudad.
3. Forma dos grupos.

Desde la casa de Sara

¡Hola! Me llamo Sara. Mi familia vive en esta casa. Vivimos en un suburbio llamado Greenwood. Algunos suburbios parecen pueblos. Otros parecen pequeñas ciudades. Un **suburbio** siempre está cerca de una ciudad. Greenwood está cerca de la ciudad de Cook City.

PIÉNSALO

¿Qué lugares hay en un suburbio?

Palabra clave

suburbio

Papá trabaja en una oficina
en Greenwood. Él dibuja
mapas. Yo también.

Mamá trabaja en el
Museo de Ciencias de
Cook City. Ésta es ella.

Yo voy a la escuela en Greenwood.
También juego a la pelota.

A veces voy con mi familia al zoológico de
Cook City. Me gustan los leones y los tigres.

A veces nos divertimos en el parque de
Greenwood. Podemos ir caminando desde casa.
Me gusta mi suburbio y la ciudad también.

Los lugares que conozco

Cook City

N
O — E
S

Greenwood

Límite de la ciudad

Leyenda

- nuestra casa
- mi escuela
- parque
- oficina de Papá
- museo de Mamá
- zoológico

Mi papá hizo este mapa para mí. Yo hice una leyenda para mostrarte algunos de los lugares adonde me gusta ir.

REPASO

1. ¿Qué lugares hay en un suburbio?
2. ¿Qué diferencias hay entre vivir en un suburbio y vivir en un pueblo pequeño?
3. ¿Qué te gusta hacer donde tú vives?

El lugar donde vives

Has aprendido cómo son los lugares donde viven las personas. Cada uno de esos lugares es un tipo de **comunidad.**

Tu vecindario es una comunidad muy pequeña. Está formada por las personas y los edificios que hay cerca de tu casa.

Un pueblo también es una comunidad pequeña. Está lejos de las grandes ciudades. En un pueblo hay más de un vecindario.

Un suburbio es una comunidad cerca de una ciudad. Un suburbio puede ser grande o pequeño. Puede haber muchos vecindarios o sólo unos pocos.

Una ciudad es una comunidad grande. Tiene muchísima gente. Hay muchos vecindarios.

Una comunidad es un lugar donde viven personas. ¿En qué tipo de comunidad vives tú?

El puente

¿Cómo se vuelven grandes las ciudades? ¿Cómo se vuelven activas? Un pueblo puede crecer y **cambiar** hasta ser ciudad. Pasa así:

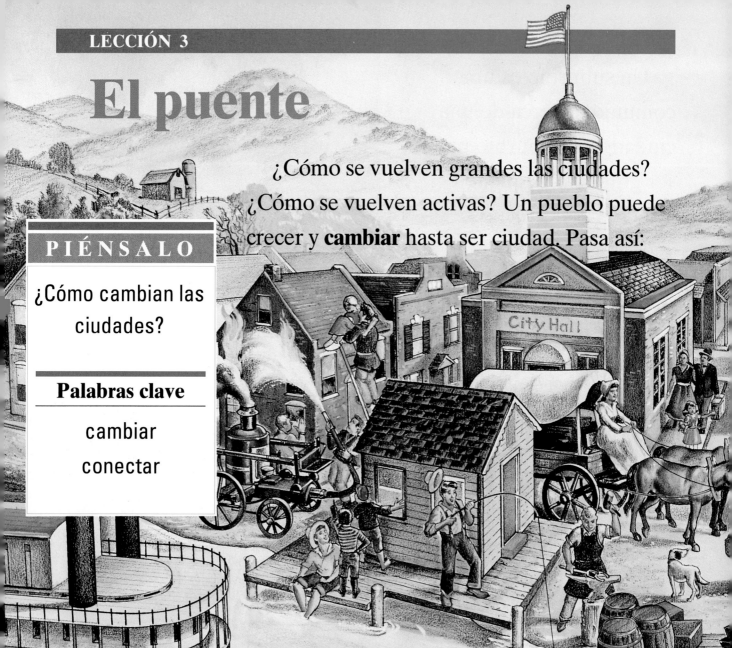

PIÉNSALO

¿Cómo cambian las ciudades?

Palabras clave

cambiar

conectar

Había una vez un pueblo junto a un río. De este pueblo salían caminos para ir a otros pueblos y granjas. Las personas caminaban o viajaban a caballo y en carretas. No había un camino sobre el río. Había que cruzarlo en barco.

Un día tuvieron una buena idea. Iban a hacer un puente fuerte sobre el agua. El puente iba a **conectar** el pueblo con otros lugares. ¿Por qué ayudó el puente a que el pueblo se volviera ciudad?

El pueblo creció y creció hasta ser una
ciudad. Los carros y los trenes cruzaban por el
puente. Muchos barcos viajaban por el río. Los
primeros aviones llegaban a la ciudad. La
ciudad conectaba con otros lugares.

School

Algunas cosas eran iguales que antes. Muchas cosas eran distintas. Había más personas en la ciudad. Había más lugares donde vivir y trabajar. ¿Qué otros cambios ves en la ciudad?

Ahora la ciudad se ve así. El puente es viejo, pero todavía es fuerte y se usa mucho. El puente conecta con los suburbios y con muchos otros lugares. ¿De qué otras maneras llegan las personas y las cosas a la ciudad?

Hoy en día

1. ¿Cómo cambian las ciudades?

2. ¿Cómo se conectan las ciudades?

3. ¿Cómo se conecta tu casa a otros lugares?

Pregunta por qué

Cuando pasa algo, queremos saber por qué.

En la lección sobre la ciudad, pasaron muchas cosas. Las personas hicieron un puente. ¿Por qué? Porque necesitaban una mejor manera de ir de un lugar a otro.

Fíjate en lo que pasó aquí.

¿Por qué se sorprendió la niña?

Este dibujo también muestra algo que pasó.

Fíjate en los dos dibujos de abajo. Un dibujo muestra por qué se derramó la leche. ¿Cuál es ese dibujo?

¡Inténtalo!

1. Piensa en algo que pasó en la escuela.
2. Dibuja lo que pasó.
3. Haz otro dibujo que muestre por qué pasó eso.

¿Qué hacer con la basura?

Muchas personas viven en ciudades. Otras viven en suburbios o en el campo. En cualquier lugar que vivamos, siempre tiramos cosas a la basura.

Podemos decidir dónde poner la basura. Fíjate en lo que pasa en estos dibujos. ¿Qué es mejor? ¿Por qué?

Tirar la basura al suelo.

Poner la basura en un basurero.

Alguna basura se puede usar otra vez. Fíjate
en los dibujos. ¿Qué es mejor? ¿Por qué?

Tirar latas a la basura

Guardar latas para reciclarlas

Juntar papel para reciclarlo

Tirar papel a la basura

Dentro de la fábrica

En muchas ciudades hay fábricas. Una **fábrica** es un lugar donde se hacen cosas. ¿Qué hacen las personas en las fábricas? Miremos una fábrica de carros y camionetas.

PIÉNSALO

¿Qué se hace en una fábrica?

Palabra clave

fábrica

Para hacer un carro o una camioneta se empieza por el diseño. El diseño es un plan para hacer las piezas.

Las piezas de la carrocería se hacen de metal. ¡Ésta va a ser una camioneta!

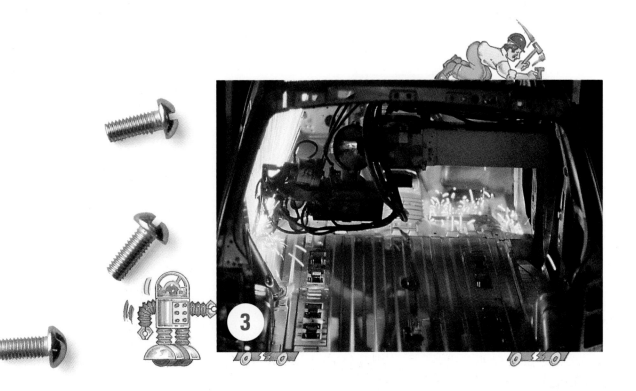

Las personas no hacen todo el trabajo de una fábrica. Los robots arman las piezas.

¿Qué falta? La camioneta necesita llantas y un motor. El motor también se hace de metal.

Ya está el motor en su lugar. Después dos trabajadores ponen tela y plástico por dentro de la camioneta.

La camioneta está casi terminada. ¿Funcionará? Alguien la va a probar para saberlo.

¡Mira todos estos carros y camionetas que salen de la fábrica! ¿Qué hacen con ellos ahora?

REPASO

1. ¿Qué se hace en una fábrica?
2. ¿Con qué se hacen las camionetas?
3. ¿Qué tienes tú que se hizo en una fábrica?

Usa dibujos para contar

Éstos acaban de salir de la fábrica.

Cuenta las vagonetas, las camionetas y los carros.

Puedes mostrar cuántos hay de cada tipo. Puedes hacer una pictografía. Una **pictografía** muestra cuántos hay de cada tipo.

De la fábrica	
Vagonetas	
Camionetas	
Carros	

Carlos y Verónica hicieron
una pictografía. Agruparon sus
juguetes y los contaron.
Mostraron cuántos juguetes
había en cada grupo.

¿Cuántas vagonetas tienen Carlos y
Verónica? ¿Cuántos barcos tienen? ¿Tienen
más barcos o vagonetas?

¡Inténtalo!

1. Pregúntales a los niños de tu clase
   qué animalitos tienen en casa.
2. Pregúntales cuántos tienen de
   cada uno.
3. Haz una pictografía con las respuestas.

Trabajos de noche

¿Qué trabajos se hacen por la noche?

Palabra clave

trabajos

Ciudad

Por la mañana la ciudad
abre sus alas
y escribe una canción
en piedra que canta.

Por la noche la ciudad
se acuesta
y cuelga las luces
sobre su cabeza.

Langston Hughes

chofer de taxi

No todos se acuestan por la noche en una ciudad.
Algunas personas trabajan mientras tú duermes.

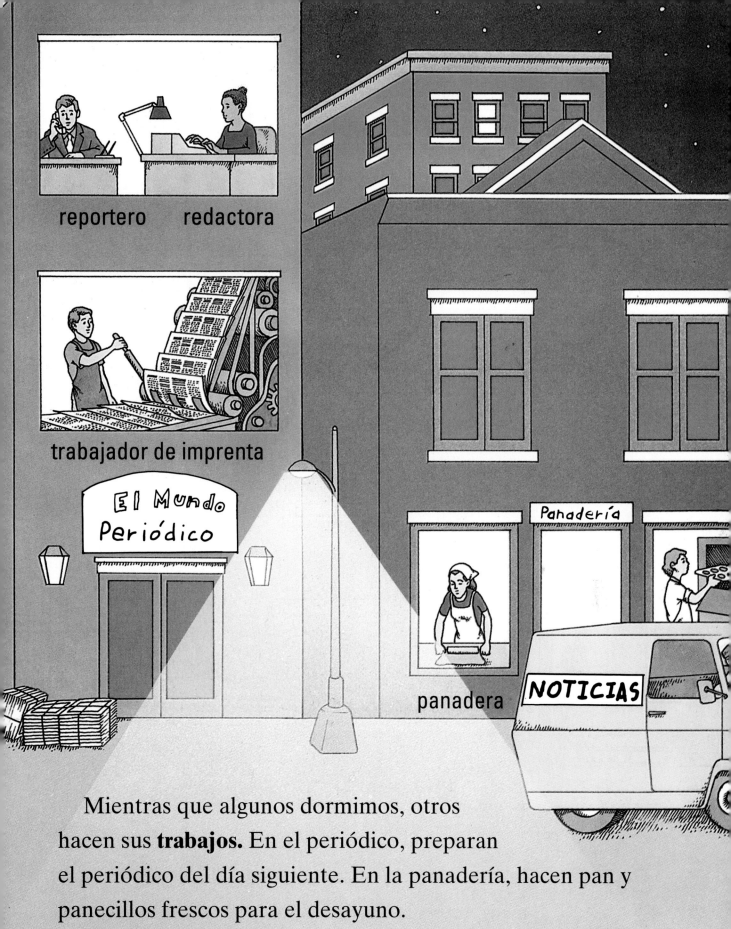

reportero   redactora

trabajador de imprenta

El Mundo Periódico

Panadería

panadera

NOTICIAS

Mientras que algunos dormimos, otros hacen sus **trabajos.** En el periódico, preparan el periódico del día siguiente. En la panadería, hacen pan y panecillos frescos para el desayuno.

¿Qué otras personas que trabajan por la noche ves aquí?

médico

enfermera

médica

guardia de seguridad

Toy Town

Hospital

AMBULANCIA

policía

paramédicos

A veces las personas se enferman o se lastiman por la noche. Por eso el hospital siempre está abierto. ¿Qué pasa si en el hospital no hay trabajadores por la noche?

¿Qué otros trabajos de noche ves aquí?

equipo de limpieza

dibujante

Abierto las 24 horas
Café de Hal

COMPUTER STORE

bombero

mesero

cajera

cocinero

REPASO

1. ¿Qué trabajos se hacen por la noche?
2. ¿Cómo nos ayudan las personas que trabajan por la noche?
3. Dibuja un trabajador que trabaja de noche.

Un bombero

¿Cuándo?:   *A medianoche*

¿Dónde?:   *En la ciudad*

¿Qué?:   *Un bombero*
                 apaga un
                 incendio

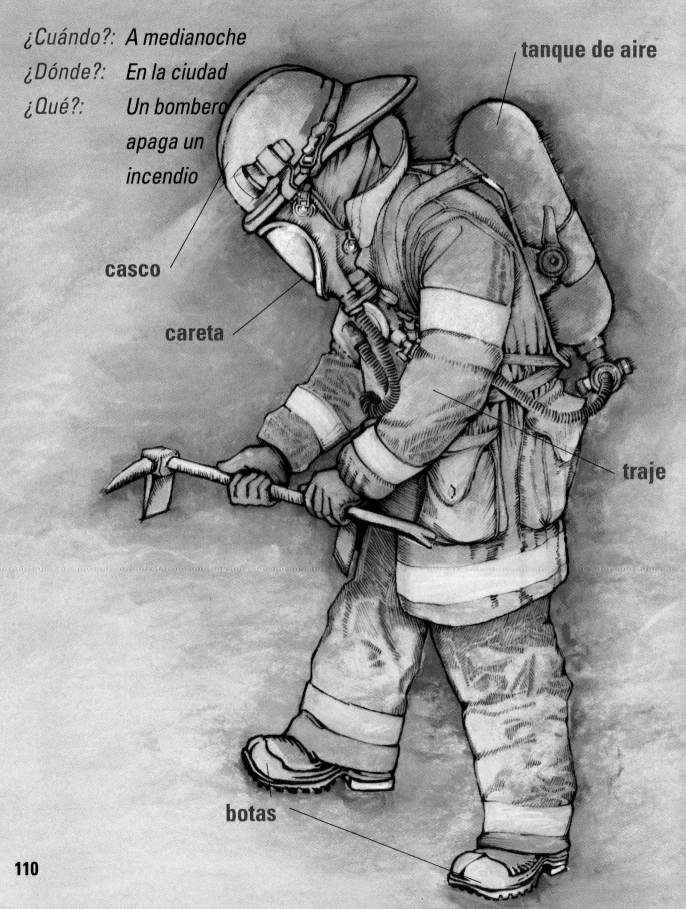

tanque de aire

casco

careta

traje

botas

Este bombero trabaja por la noche. Veamos las cosas
que usa.

El **casco** le protege la cabeza al bombero. La
parte larga de atrás le protege el cuello. La
parte del frente le protege la cara del calor.

En el **tanque de aire** hay aire
limpio y puro. El aire llega a
la careta por una manguera.

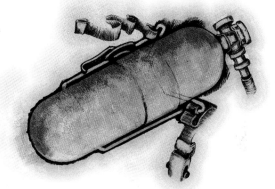

La **careta** lo ayuda a respirar cuando hay
mucho humo. El bombero tiene que respirar
muy hondo cuando la tiene puesta.

El **traje** protege al bombero del calor del
incendio. Las franjas amarillas son para ver
al bombero cuando está oscuro o hay humo.

Las **botas** altas le protegen los pies
de clavos y vidrios. No resbalan
cuando el piso está mojado.

Repaso de la Unidad 3

Palabras

¿Qué palabra va en cada espacio en blanco?

cambiar

ciudad

conectar

fábrica

suburbio

trabajos

1. Un puente puede _____ con otros lugares.
2. Las camionetas se hacen en una _____ .
3. En una _____ hay edificios grandes y altos.
4. Un _____ está cerca de una gran ciudad.
5. Las personas hacen muchos tipos de _____ .
6. Una ciudad tiene que _____ para crecer.

Ideas

1. ¿Qué diferencias hay entre suburbio y pueblo?
2. ¿Cuáles se hicieron en una fábrica?

Destrezas

1. ¿Dónde encuentras estas cosas? Di en qué grupo van.

2. Fíjate en los dibujos. Contesta las preguntas.

¿Por qué tiene miedo?　　¿Por qué tiene los pies mojados?

Actividades

1. Trabaja con dos o tres niñas o niños. Guarden latas durante una semana. Hagan una gráfica como ésta. Muestren cuántas latas juntan cada día. Miren la gráfica y contesten las preguntas.

- ¿Qué día juntaron más latas?
- ¿Cuántas latas juntaron el martes?

2. Trabaja con tu clase. Hagan un libro sobre las personas que trabajan donde ustedes viven.

Por todo el ancho mundo

¿Adónde irías
si pudieras ir
por todo el ancho mundo?
¿Qué verías
si pudieras estar
en todo el ancho mundo?

Nuestro país, nuestro mundo

¿Cómo es
nuestro país?

Palabras clave

país

estado

bandera

Los Estados Unidos de América es nuestro **país.** Es la tierra donde vivimos. En los Estados Unidos hay 50 **estados.** Todos los estados juntos forman nuestro gran país.

El mapa muestra los Estados Unidos en verde. Las líneas finas muestran dónde están los estados.

La mayoría de los estados están juntos. Dos estados están separados de los demás. Esos dos estados son Alaska y Hawaii. ¿En qué estado vives tú?

PACIFIC OCEAN

116

CANADA

UNITED STATES

ATLANTIC OCEAN

MEXICO

Nuestro país tiene su propia **bandera:** la bandera de los Estados Unidos de América. Nuestra bandera tiene 50 estrellas. Hay una estrella por cada uno de los 50 estados.

Nuestra bandera

¡Qué linda nuestra
bandera!
Bajo el cielo ondea con
franjas y estrellas
sobre nuestro verde suelo.
¡Qué alegres sus colores!
El rojo, el azul, el blanco
para mí son los primores
de nuestro suelo ancho;
porque ésta es la bandera
que nos lleva protegidos;
porque ésta es la bandera
de los Estados Unidos.

Poema de Aileen Fisher

Nuestro mundo

El mundo es un lugar muy grande. En el mundo hay muchos países. Fíjate en el mapa. Los Estados Unidos están en verde. Las líneas oscuras muestran los otros países.

Edward, Canadá

Tracy, Estados Unidos

Carlos, México

Paulo, Brasil

Claire, Francia

En los Estados Unidos viven muchas personas. Muchas personas viven en otros países también. Nos parecemos en algunas cosas y en otras somos distintos.

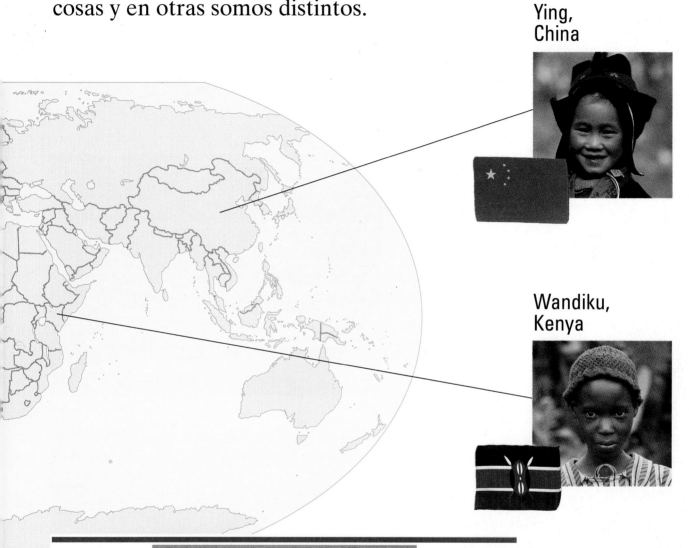

Ying, China

Wandiku, Kenya

REPASO

1. ¿Cómo es nuestro país?
2. Di algo sobre el estado donde vives.
3. Fíjate en los países en el mapa del mundo. ¿Cuáles son los dos países que están más cerca de los Estados Unidos?

¿Qué es un país?

Los Estados Unidos es un país grande. Tienen mucho territorio. Aquí viven muchas tipos de personas. Fíjate en estas fotos de nuestro país. ¿Quiénes viven aquí? ¿Cómo es el territorio?

Un país es el territorio y las
personas que viven en él. Los
Estados Unidos es un país. ¡En la
Tierra hay más de 100 países!

Fíjate en un globo terráqueo o un mapa
grande del mundo. ¿Viste cuántos países hay?

JURAMENTO A LA BANDERA

Juro fidelidad a la bandera de los Estados Unidos de América y a la república que representa, una nación bajo Dios, indivisible, con libertad y justicia para todos.

AMÉRICA

Poema de Samuel F. Smith

También es tuya mi patria,
dulce hogar de libertad.
A ella le canto:
reposo de mis padres caídos,
orgullo de los peregrinos.
que repique en las montañas
Un himno a la libertad.

Tú, amada tierra natal,
patria del que es digno y libre,
tu nombre para mí es amor.
Amo tus cumbres y ríos,
tus bosques, templos umbríos
que ensanchan el corazón
de júbilo hacia el infinito.

En tren por el Canadá

¿Cómo es el Canadá?

Palabras clave

Canadá

idioma

Sam vive en los Estados Unidos. Fue con su familia en tren a algunas ciudades del Canadá. El **Canadá** es un país grande que está justo al norte de los Estados Unidos. El mapa de Sam muestra por dónde fueron.

Sam escribió:

Vamos al Canadá. ¡Viva!

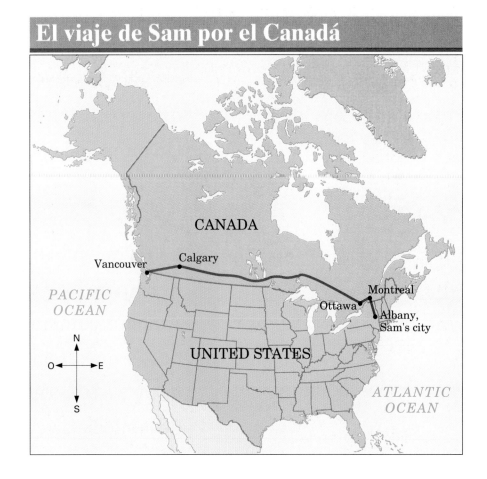

El viaje de Sam por el Canadá

Sam escribió:

Cosas distintas
en el Canadá:
1. Dos idiomas
2. Dinero
3. La bandera

En Montreal Sam vio una palabra nueva en una señal de alto. La palabra estaba escrita en el **idioma** francés. En el Canadá muchas personas hablan francés. Otros hablan inglés. Algunos hablan los dos idiomas.

La mamá de Sam le dio dinero canadiense. Él compró una pequeña bandera del Canadá. Después dibujó la bandera.

Luego el tren fue a Ottawa. Sam y su familia vieron la policía montada del Canadá.

Sam compró una estatuita tallada. Era de un artista inuit. Los inuit fueron las primeras personas que vivieron en el Canadá.

Después, Sam fue a Calgary. Allí vio el rodeo más grande del mundo.

Sam escribió:

Vi algunos policías montados.

Compré una estatuita inuit.

Fui a un rodeo muy grande.

CALGARY STAMPEDE

Por último, Sam fue a Vancouver. Allí vio un partido de fútbol. Los niños y niñas del Canadá no son muy diferentes de los niños de los Estados Unidos: nadan en el verano y patinan en el invierno. Hacemos igual muchas cosas.

Sam escribió:

Conocí a unos niños muy simpáticos.
Ellos también juegan al fútbol.

¡Es hora de volver a casa!

¡Sam nunca olvidará su viaje por el Canadá!

REPASO

1. ¿Cómo es el Canadá?
2. ¿Qué te gustaría ver en el Canadá?
3. ¿Qué le puedes mostrar a una persona del Cánada que viene a nuestro país?

Has leído sobre el viaje que Sam hizo en tren por el Canadá. Ahora lee sobre los trenes de hace mucho tiempo.

LITERATURA

LOS TRENES

Poema de James S. Tippett

Por las montañas,
por las praderas,
llegan los trenes
a sus andenes.

Los trenes andan,
van tan ligero,
llenos de cartas
y pasajeros.

Miles de vagones
van por los carriles
y llevan su carga,
los ferrocarriles.

Por las montañas,
por las praderas,
llegan los trenes
a sus andenes.

Usemos barras para contar

Sam hizo muchos nuevos amigos en el Canadá. Algunos sólo hablan inglés. Otros sólo hablan francés. Otros hablan los dos idiomas. Sam hizo esta pictografía:

Mis nuevos amigos

Sólo inglés

Sólo francés

Los dos

Puedes mostrar lo mismo con una **gráfica de barras**. Cuenta los cuadrados azules para saber cuántos hay de cada uno. ¿Qué diferencia hay entre una gráfica de barras y una pictografía?

Los nuevos amigos de Sam					
Sólo inglés					
Sólo francés					
Los dos					

Sam quería mostrar cómo viajó. Hizo una gráfica de barras. La gráfica muestra cuántos días viajó en tren, en carro o en autobús.

Días en que viajé

En tren

En carro

En autobús

1. ¿Cuántos días viajó en autobús?
2. ¿Cuántos días viajó en carro?
3. ¿En qué más viajó?

¡Inténtalo!

1. ¿Cómo van tus compañeros a la escuela?
   - ¿Cuántos van en autobús?
   - ¿Cuántos van a pie?
   - ¿Cuántos van en carro?
   - ¿Hay alguno que va de otra manera?
2. Haz una gráfica de barras para mostrar esto.

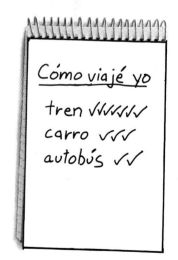

Cómo viajé yo

tren ✓✓✓✓✓✓
carro ✓✓✓
autobús ✓✓

Una carta a México

PIÉNSALO

¿Cómo es
México?

Palabras clave

México

correo

¡Hola! Soy Anita. Le quiero mandar una carta a mi primo Pablo. Yo vivo en los Estados Unidos, pero Pablo vive en México. Una carta mía tarda casi una semana en llegarle a Pablo.

México es el país que está justo al sur de los Estados Unidos. ¿Qué sabes de México?

¿Adónde va la carta de Anita?

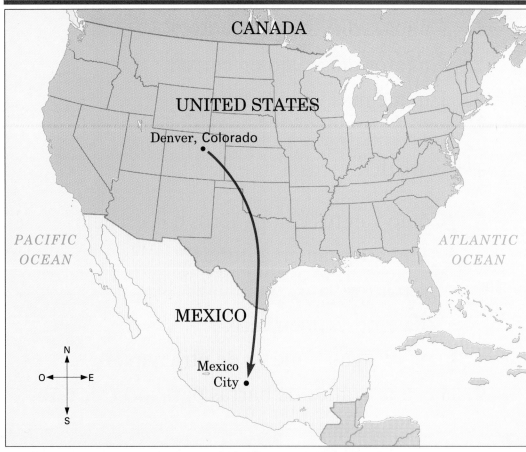

CANADA

UNITED STATES

Denver, Colorado

PACIFIC
OCEAN

ATLANTIC
OCEAN

MEXICO

Mexico
City

N
O ◄—► E
S

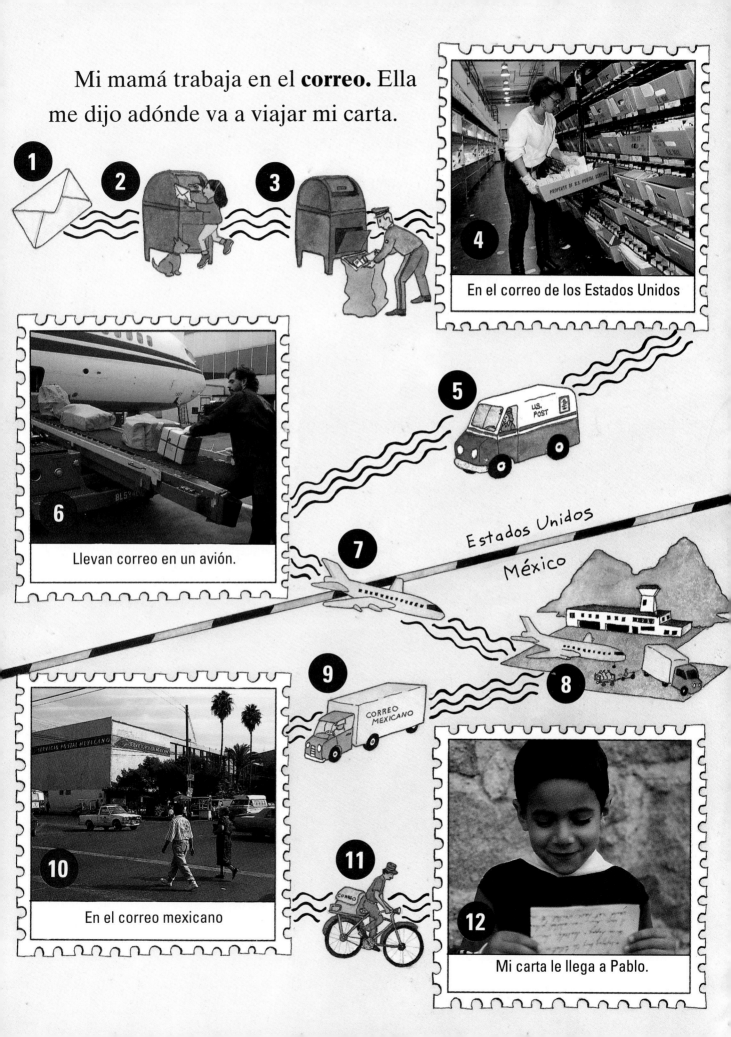

Mi mamá trabaja en el **correo.** Ella me dijo adónde va a viajar mi carta.

En el correo de los Estados Unidos

Llevan correo en un avión.

Estados Unidos

México

En el correo mexicano

Mi carta le llega a Pablo.

¡Pablo me mandó algo de vuelta! ¡No era una carta, sino un paquete! ¡Mira lo que me mandó Pablo!

Algunas cosas son distintas donde vive Pablo. La bandera de México es verde, blanca y roja. El dinero también es distinto.

Ese juego parece divertido. Pablo tiene una linda familia, igual que yo. Creo que Pablo y yo somos distintos, pero también nos parecemos.

En México hablan español. Pero aquí, en los Estados Unidos, se habla inglés.

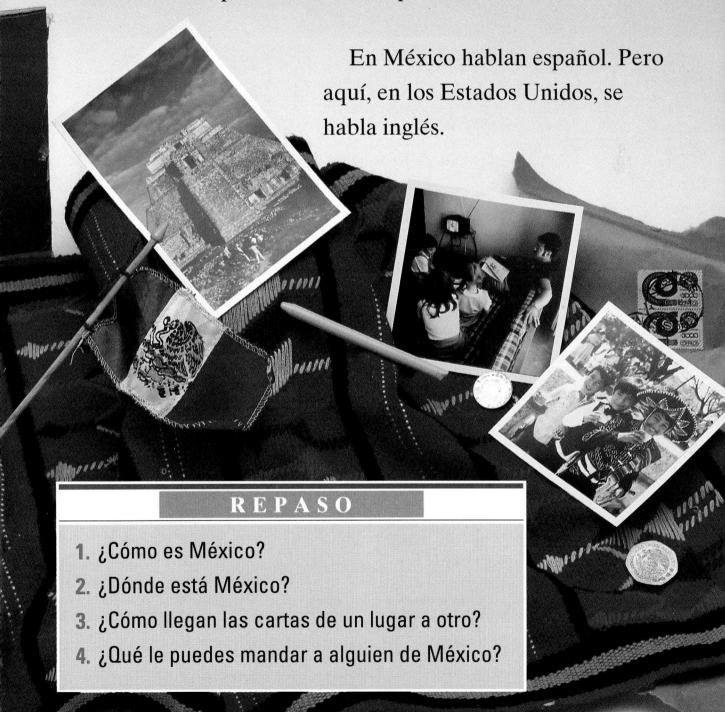

REPASO

1. ¿Cómo es México?
2. ¿Dónde está México?
3. ¿Cómo llegan las cartas de un lugar a otro?
4. ¿Qué le puedes mandar a alguien de México?

El correo

En la lección que leíste Anita mandó una carta a México. Ahora vas a aprender lo que le pasa a una carta.

Prepárate

1. Di cómo crees que una carta le llega a otra persona. ¿Qué crees que pasa en el correo?
2. Busca papel, lápices, crayones y cajas.

Descubre

Mira las fotos. Fíjate en tres cosas que le pasan a una carta.

Un cartero recoge la carta.

Los trabajadores separan las cartas para ver adónde va cada una.

Otro cartero entrega la carta.

Sigue adelante

1. Hagan un correo en la clase. Escojan dónde recoger las cartas y dónde separarlas. Escojan también dónde entregarlas.

2. Escojan trabajadores para cada trabajo. Tomen turnos.

3. Escríbanles cartas a los compañeros. Manden las cartas por el correo de la clase.

De puerto en puerto

PIÉNSALO

¿Cómo dependes tú de otros países?

Palabras clave

mercancías

depender

puerto

Las cosas que se hacen y se venden son **mercancías.** En esta casa hay cosas que se hicieron en otros países. Esas mercancías cruzaron los océanos en barco. Fíjate en los lugares de donde vinieron las mercancías.

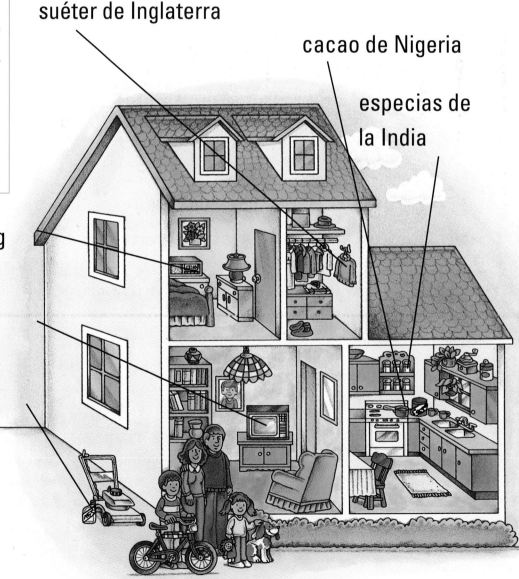

suéter de Inglaterra

cacao de Nigeria

especias de la India

radio de Hong Kong

televisor del Japón

gasolina de Arabia Saudita

¿Por qué vienen algunas mercancías de otros lugares?

En algunos países no hay todo lo que se necesita. Los países **dependen** de otros países para conseguir lo que necesitan. Los países compran mercancías unos de otros.

Puerto de Hong Kong

¿Cómo llegan las mercancías a nuestro país?

Las mercancías se cargan en barcos en un puerto. Un **puerto** es un lugar donde paran los barcos. En un puerto, los barcos están a salvo de tormentas y olas altas. ¿Qué pasará después?

143

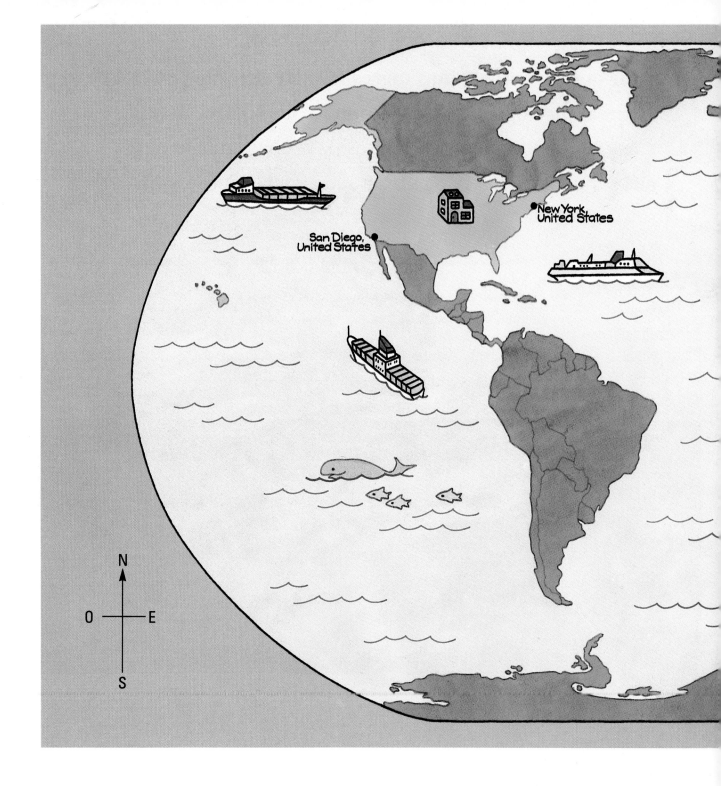

Los barcos cruzan el océano y llegan a un
puerto de nuestro país. Después descargan las
mercancías. Algunas de esas mercancías llegan a
tu casa. Muchas de las cosas que tienes vienen
de otros países. Tú dependes de esos países.

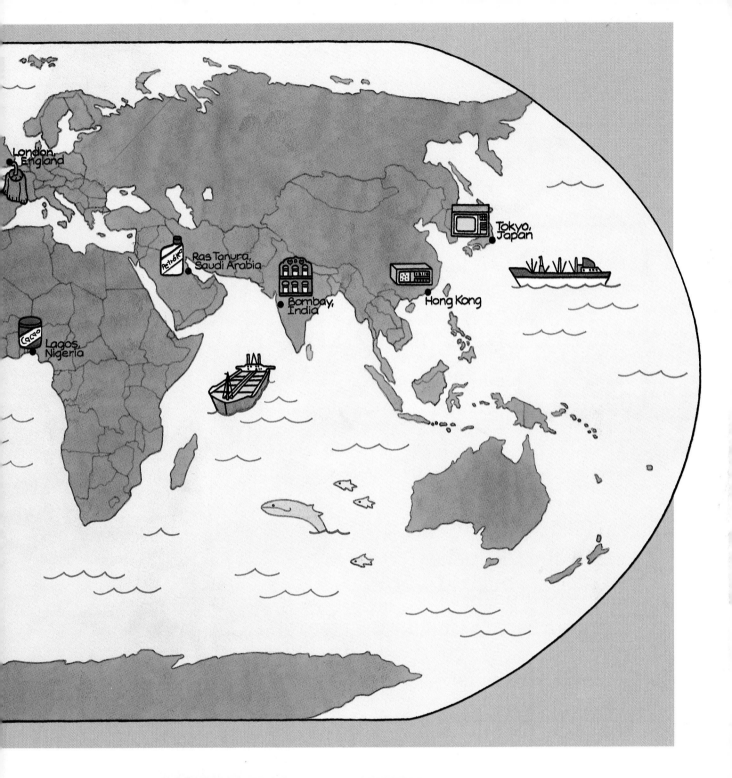

London, England

Ras Tanura, Saudi Arabia

Tokyo, Japan

Bombay, India

Hong Kong

Lagos, Nigeria

---

1. ¿Cómo dependes tú de otros países?

2. ¿Por qué son importantes los puertos?

3. ¿Qué cosas tienes que vienen de otro país?

En un puerto activo hay muchos barcos y lanchas. Lee sobre lo que hace un remolcador.

REMOLCADORES

Poema de James S. Tippett

¡Sopla y resopla!
Con aires de fuelle
el barquito empuja
el gran barco al muelle.

¡Sopla y resopla!
Con un gran jalón
remolca su carga
de negro carbón.

Son como castores,
o activas hormigas.
¡Son trabajadores
los remolcadores!

Repaso de la Unidad 4

Palabras

Fíjate en estos dibujos. ¿Qué palabra contesta cada pregunta?

bandera
Canadá
correo
depender
estado
idioma
mercancías
México
país
puerto

1. ¿Es esto un **país** o un **puerto?**

2. ¿Es el país de color amarillo el **Canadá** o **México?**

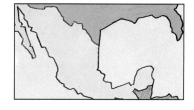

3. ¿Es esto un **estado** o una **bandera?**

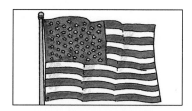

4. ¿Es esto un **correo** o un **idioma?**

5. ¿Es esto un **puerto** o son **mercancías?**

Ideas

1. Fíjate en el mapa. Señala los Estados Unidos. ¿Qué país está al norte de los Estados Unidos? ¿Qué país está al sur?

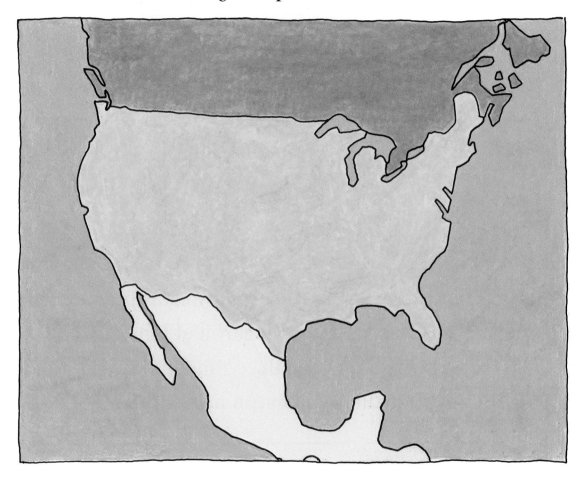

2. En las lecciones aprendiste tres maneras en que las personas, el correo y las mercancías pueden ir a otros países. ¿Cuáles son esas tres maneras? Haz un dibujo de cada una.

3. ¿Qué es un puerto? ¿Por qué es importante?

Destrezas

Anita quería mostrar cuántas cartas recibió su familia. Hizo una gráfica de barras.

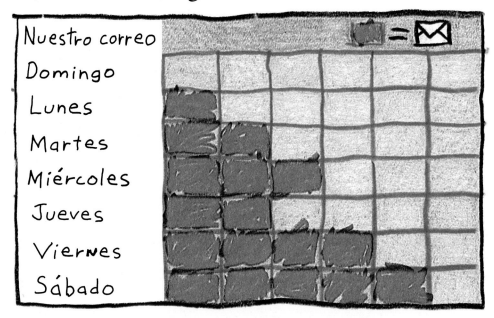

Fíjate en la gráfica de Anita y estas preguntas:

- ¿Cuántas cartas llegaron el lunes?
- ¿Qué día no les llegó ninguna carta?
- ¿Qué día les llegaron más cartas?

Actividades

1. Hagan un libro en clase de cómo dependemos de otras personas y lugares. Hablen de:

   sus familias   los granjeros

   la escuela   las fábricas

2. Trabaja con otra niña o un niño. Hagan una bandera de la escuela.

Banco de datos

EL MUNDO

ARCTIC OCEAN

NORTH AMERICA

UNITED STATES

PACIFIC OCEAN

ATLANTIC OCEAN

Equator

SOUTH AMERICA

PACIFIC OCEAN

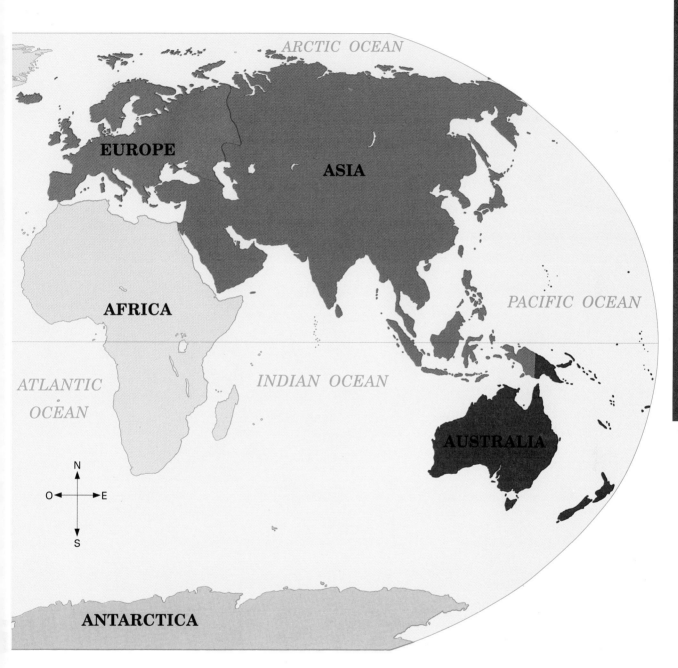

ARCTIC OCEAN

EUROPE

ASIA

AFRICA

PACIFIC OCEAN

ATLANTIC
OCEAN

INDIAN OCEAN

N

O ← → E

S

AUSTRALIA

ANTARCTICA

LOS ESTADOS UNIDOS

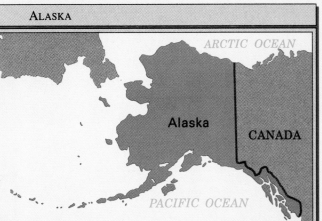

ALASKA

ARCTIC OCEAN

Alaska

CANADA

PACIFIC OCEAN

Washington

Oregon

Idaho

Montana

Wyoming

Nevada

Utah

Colorado

California

Arizona

New Mexico

PACIFIC

OCEAN

ISLAS HAWAII

Hawaii

PACIFIC

OCEAN

MEXICO

N

O ← → E

S

CANADA

Lake Superior

North Dakota

Minnesota

Michigan

Lake Huron

Maine

South Dakota

Wisconsin

Lake Michigan

Lake Ontario

Vermont

New Hampshire

New York

Massachusetts

Rhode Island

Connecticut

Nebraska

Iowa

Lake Erie

Pennsylvania

New Jersey

Illinois

Indiana

Ohio

Delaware

Maryland

West Virginia

Virginia

Kansas

Missouri

Kentucky

Oklahoma

Arkansas

Tennessee

North Carolina

ATLANTIC

OCEAN

South Carolina

Mississippi

Alabama

Georgia

Texas

Louisiana

Florida

Gulf of Mexico

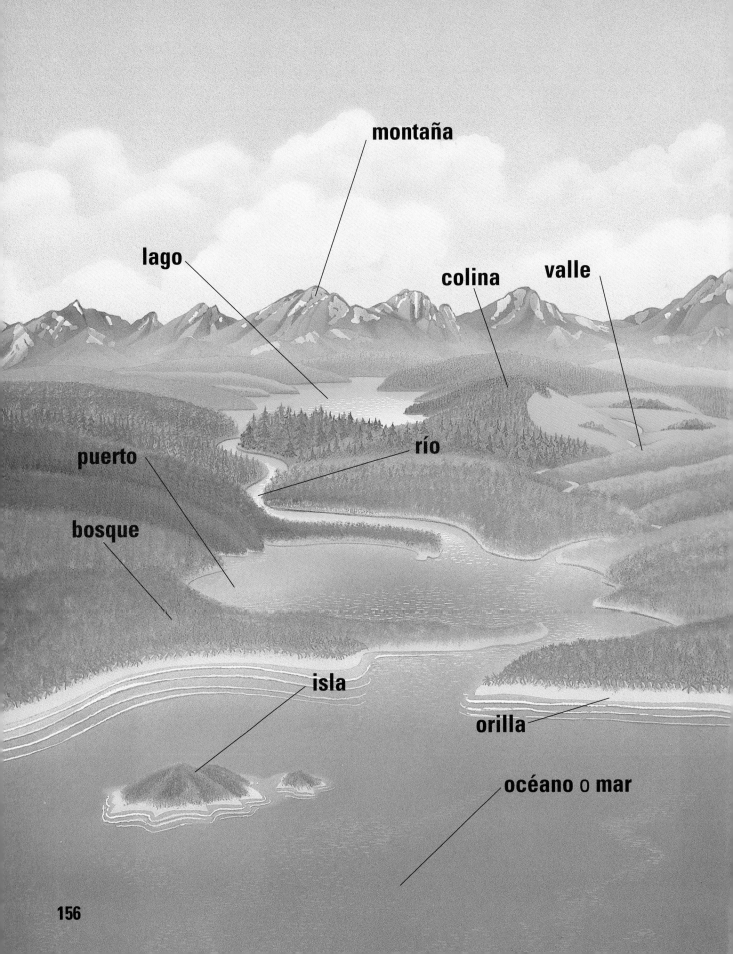

montaña

lago

colina

valle

río

puerto

bosque

isla

orilla

océano o mar

amigos

página 4

ciudad

página 68

crecer

página 31

bandera

página 118

comunidad

página 88

depender

página 143

cambiar

página 90

conectar

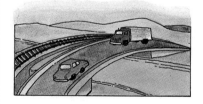

página 91

estado

página 116

Canadá

página 126

correo

página 137

fábrica

página 100

familia

página 36

granjero

página 54

línea del tiempo

página 40

globo terráqueo

página 60

idioma

página 127

mapa

página 15

gráfica de barras

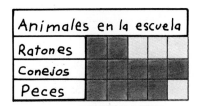

página 134

juntos

página 10

mercancías

página 142

granja

página 42

leyenda

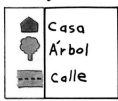

página 16

México

página 136

norte

página 61

Polo Sur

página 60

suburbio

página 84

país

página 116

pueblo

página 22

sur

página 61

pictografía

página 104

puerto

página 143

trabajos

página 107

Polo Norte

página 60

símbolos

página 16

vecindario

página 30

Text (continued from page iv)

Riki Friedberg Levinson. Illustrations © 1986 by Diane Goode. Translated and reprinted by permission of the publisher, Dutton Children's Books, a division of Penguin Books USA Inc. **106** "City" by Langston Hughes. Copyright © 1941 by Harper & Bros. Copyright renewed 1969 by Arna Bontemps. Translated and reprinted by permission of Harold Ober Associates Incorporated. **119** "Our Flag" from *Skip Around the Year* by Aileen Fisher. Copyright © 1967 by Aileen Fisher. Translated and reprinted by permission of *HarperCollins*Publishers. **130–33** "Trains" from *Crickety Cricket!* by James S. Tippett. "Trains" originally appeared in *I Go A-Traveling* by James S. Tippett. Text Copyright © 1929 by HarperCollinsPublishers. Translated and reprinted by permission of *HarperCollins*Publishers. **146–47** "Tugs" from *I Go A-Traveling* by James S. Tippett. Copyright 1929 by *HarperCollins*Publishers. Copyright © 1957 by James S. Tippett. Reprinted by permission of *HarperCollins*Publishers.

Illustrations

Literature border design by Peggy Skycraft.

Ligature 17, 19, 41(b), 61, 91(t), 93(t), 95(t), 105, 113(b), 134, 135, 140–41, 149, 150. **Elizabeth Allen** 22, 23, 24, 25, 26, 27, 28. **Howard Berelson** 110, 111. **Penny Carter** 137. **Brett Cedarholm** 29. **Ray Cruz** 106–7, 108–9. **Susan Dietrich** 34–35, 60. **Steve Edwards** 2, 3, 6, 7. **Len Epstein** 96(b), 97. **Mac Evans** 54, 55, 56, 57, 100, 101, 102, 103. **Ruth Flanigan** 30, 32, 87. **Marla Frazee** 8, 9, 10, 11. **Jackie Geyer** 144–45. **Linda Kelen** 68–69, 70–71, 72–73. **Lorretta Lustig** 42, 43, 44, 45. **Ben Mahan** 142. **Dan McGowan** 156. **Greg McNair** 90–91, 92–93, 94–95, 96. **John Nez** 98, 99. **Larry Nolte** 12, 13, 62(t), 148, 157, 158, 159. **Judy Reed** 82, 83. **Joel Snyder** 104. **Rosiland Soloman** 40, 41(t). **Susan Swan** 66–67. **Fred Winkowski** 14, 15, 16. **Gwynn Wahlmann** 62(b), 63, 112, 113(t). **Other: 138** Cover illustration from *El cumpleaños de Spot* by Eric Hill, © 1982 by Eric Hill, reprinted by permission of G. P. Putnam's Sons.

Maps

R. R. Donnelley & Sons Company Cartographic Services 116–17, 152–53, 154–55. **JAK Graphics** 120–21, 126, 136.

Photographs

GH—Grant Heilman Photography; JI—Jeroboam, Inc.; PH—Photographic Resources; PR—Photo Researchers, Inc.; SK—Stephen Kennedy; SM—The Stock Market; TIB—The Image Bank; TS—Tom Stack & Associates **Front cover** Peter Bosey. **Back cover** Patricia Caulfield, PR. **xvi–1** © Will and Deni McIntyre, PR. **4** SK (t). Mike Jaeggi (b). **4–5** SK. **5** © Frank Oberle, PH (tl); © Ken Gaghan, JI (tr). © Mel DiGiamcomo, TIB (b). **17** SK. **18** Mike Jaeggi, Meyers Photo-Art (tl,bc); © Alan Cooper, TIB (tc); © Brent Jones (tr,br); © Frank Oberle, PH (bl). **20–21** © Robert Frerck, Odyssey Productions. **28** © R. Perron, Nawrocki Stock Photo. **29** © R. Perron, Nawrocki Stock Photo. **30** Rick Benkof (t); SK (b). **30–31** © Michael Melford, TIB. **31** © John H. Anderson, PH. **32–33** © Larry Lefever, GH. **33** SK. **35** SK. **36** Scott Raffe. **37–38** SK, Erdmann Archive. **39** SK, Erdmann Archive (l); Scott Raffe (r). **40** Mike Phillips, Erdmann Archive. **41** SK. **42** © Larry Lefever, GH (l); © Grant Heilman, GH (r). **43** © Brian Parker, TS (t); © Frank Siteman, JI (b). **44** © Isaac Geib, GH (t); © Grant Heilman, GH (b). **45** © Isaac Geib, GH (l); © Martha Bates, Stock Boston (r). **52** © Grant Heilman, GH (l); SK (tr); © Grant Heilman, GH (cr); © Garry McMichael, GH (br). **53** © Ben Simmons, SM (t); © Robert Frerck, Odyssey Productions (bl); © Ken Love, Nawrocki Stock Photo (bc); SK (br). **54** © Grant Heilman, GH (l); © Larry Lefever, GH (r). **55** © Frank Oberle, PH. **56** © Larry Lefever, GH (t); © Ralston Purina, Battle Creek, MI (b). **57** SK. **58** NASA photo. **59** NASA photo. **60** SK. **61** SK. **64–65** © Barry Lewis, The Network Agency. **68** © John Elk III, Stock Boston. **69** © Greg Vaughn, TS. **70** © Owen Franken, Stock Boston. **71** © Owen Franken, Stock Boston. **72** SK. **73** © Ken Gaghan, JI. **84** SK: SK (cr); © Cameramann International, Ltd. (b). **85** SK: © Brownie Harris, SM (tl); SK (tr,b). **86** SK. **88** © Barry L. Runk, GH (t); © Larry LeFever, GH (b). **89** © Frank Oberle, PH (t); © SM (b). **98** SK. **100** SK (t,r,l); Mike Phillips (b). **101** SK (tl,cr,br); Mike Phillips (tr,bc). **102** SK (tl,br); Mike Phillips (tr,bl). **103** Mike Phillips (t); SK (cl). **104** Mike Phillips. **105** SK (t); © George Hausman, TIB (b). **114–15** © David Barnes, SM. **118–19** © Raphael Macia, PR. **120** © Lowell Georgia, PR (tl); © Suzanne Szasz, PR (cl); © Ilka Hartman, JI (bl); © Loren McIntrye, Woodfin Camp & Associates (bc); © Berlitz, TSW—Click/Chicago Ltd. (br). **120–21** (flags) SK. **121** © J.P. Gobert, PR (t); © Robert Frerck, Woodfin Camp & Associates (b). **122** © John Gerlach, TS (l); © Peter Frank, TSW—Click/Chicago Ltd. (tr); © David W. Hamilton, TIB (br). **123** © Brent Jones (tl); © Superstock (tr); © Dale Jorgenson, TS (bl); © Wernher Krutein, JI (br). **124–25** Ed Book, SM (tl); SK (tr,b). **126** © Suzanne Szasz, PR (t); SK (bl). **126–27** Meyers Photo-Art. **127** SK. **128** © Royal Canadian Mounted Police, Meyers Photo-Art (tl); © Dr. Charles R. Belinky, PR (tr); SK (bl); © Frank Shufletoski, Hot Shots (br). **129** Mitchell B. Reibel, Sportschrome East/West (l); SK (r). **130–33** The Thomas Gilcrease Institute of American History and Art, Tulsa, OK. **134** © Suzanne Szasz, PR. **135** SK. **136** SK. **137** Mike Phillips (tl); © John Chiasson, Gamma-Liason (tr); © Steve Smith (bl); © Mike Jaeggi (br). **138** SK (tl); © Wernher Krutein, JI (c). **138–39** SK. **139** © Steven D. Elmore, TS (l); © Cameramann International, Ltd. (c); © Olof Kallstrom, JI (r). **140** © Roy Morsch, SM (l); © David R. Frazier Photo Library, PR (r). **141** James Blank, SM (tl); SK, U.S. Postal Service (tr); SK (b). **143** © Grant Heilman, GH (t); © Don Murie, Meyers Photo-Art (b). **146–47** © Richard Stockton, PH.

Picture research assistance by Carousel Research, Inc., and Meyers Photo-Art.